Impressum
Verlag: BABADADA GmbH, Nedderfeld 112 , 22529 Hamburg
Geschäftsführer / Verlagsleitung: Harald Hof
Druck: Books on Demand GmbH, In de Tarpen 42, 22848 Norderstedt

Imprint
Publisher: BABADADA GmbH, Nedderfeld 112 , 22529 Hamburg, Germany
Managing Director / Publishing direction: Harald Hof
Print: Books on Demand GmbH, In de Tarpen 42, 22848 Norderstedt, Germany

AF234522

ysgol

skool

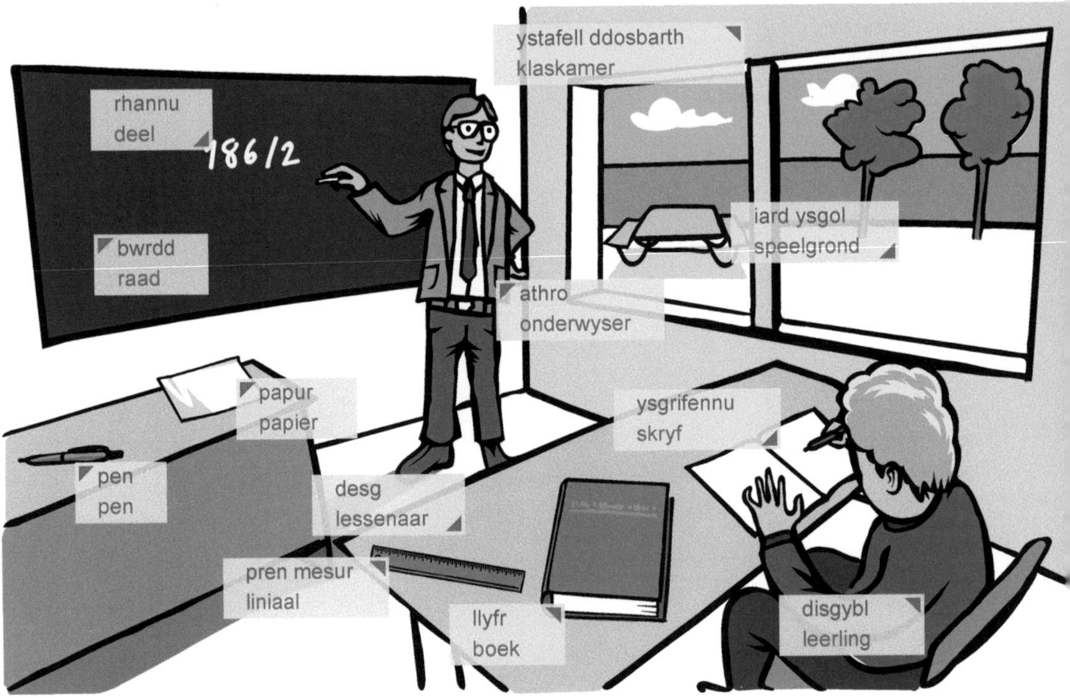
ystafell ddosbarth
klaskamer
rhannu
deel
186/2
bwrdd
raad
iard ysgol
speelgrond
athro
onderwyser
papur
papier
ysgrifennu
skryf
pen
pen
desg
lessenaar
pren mesur
liniaal
llyfr
boek
disgybl
leerling

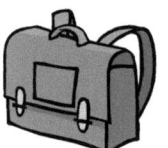

bag ysgol

skooltas

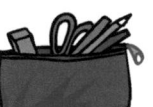

blwch penseli

potloodhouer

pensil

potlood

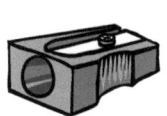

peth rhoi min ar bensil

skerpmaker

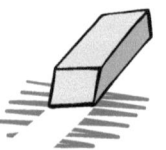

rwber

rubber

pad arlunio

tekenblok

llun
tekening

brws paent
verfkwas

blwch paent
verfoppervlak

siswrn
skêr

glud
gom

llyfr ysgrifennu
oefenboek

gwaith cartref
huiswerk

12

rhif
aantal

2+2

ychwanegu
optel

5-2

tynnu
aftrek

2×2

lluosi
maal

cyfrifo
bereken

A

llythyren
brief

ABCDEFG
HIJKLMN
OPQRSTU
VWXYZ

gwyddor
alaphabet

hello

gair
woord

testun

teks

darllen

lees

sialc

kryt

gwers

les

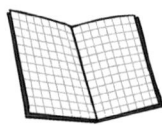

cofrestr

registreer

arholiad

eksamen

tystysgrif

sertifikaat

gwisg ysgol

skooluniform

addysg

onderwys

gwyddoniadur

ensiklopedie

prifysgol

universiteit

microsgop

mikroskoop

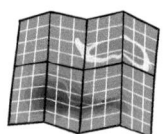

map

kaart

basged papur gwastraff

vullisdrom

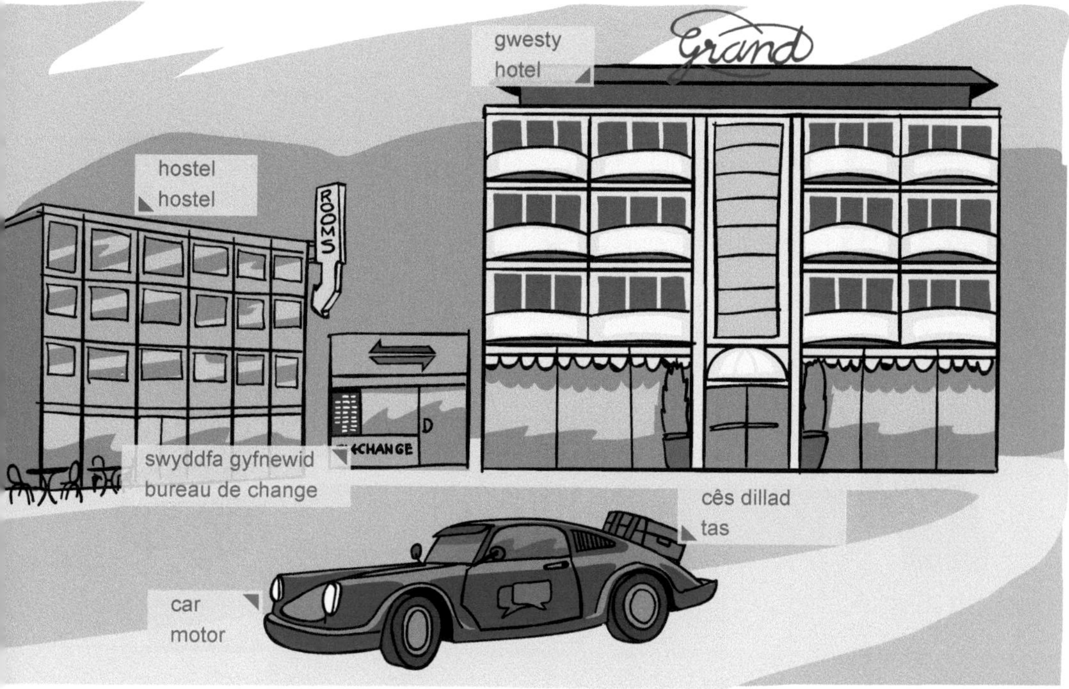

gwesty
hotel
Grand
hostel
hostel
ROOMS
CHANGE
swyddfa gyfnewid
bureau de change
cês dillad
tas
car
motor

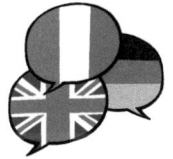

iaith
taal

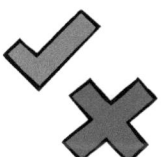

ie / na
ja / nee

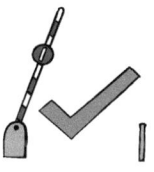

iawn
Goed

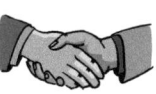

helo
hallo

cyfieithydd
vertaler

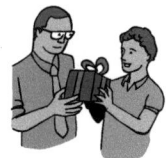

Diolch yn fawr
Dankie

faint yw ...?

hoeveel is...?

Dw i ddim yn deall

Ek verstaan nie

problem

probleem

Noswaith dda!

Goeie naand!

Bore da!

Goeie môre!

Nos da!

Goeie nag!

hwyl

totsiens

cyfarwyddyd

rigting

bagiau

bagasie

bag

sak

gwarbac

rugsak

gwestai

gas

ystafell

kamer

sach gysgu

slaapsak

pabell

tent

gwybodaeth i ymwelwyr

toeriste-inligting

traeth

strand

cerdyn credyd

kredietkaart

brecwast

ontbyt

cinio

middagete

swper

aandete

tocyn

kaartjie

lifft

hysbak

stamp

posseël

ffin

grens

tollau

doeane

llysgenhadaeth

ambassade

fisa

visum

pasbort

paspoort

cludiant

vervoer

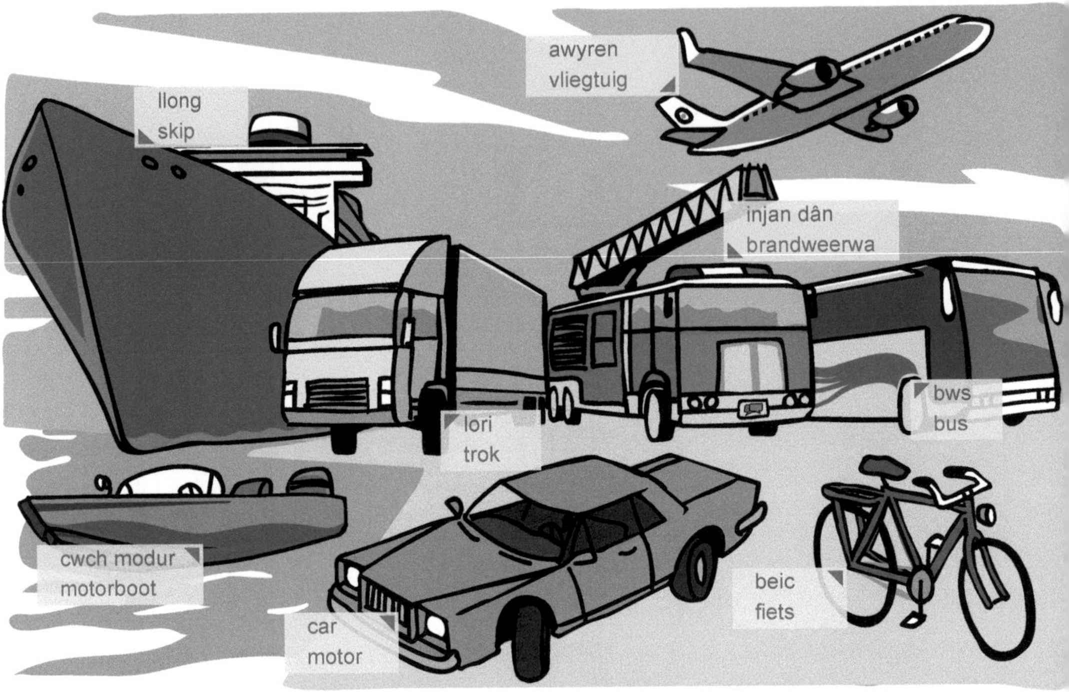

awyren
vliegtuig
llong
skip
injan dân
brandweerwa
bws
bus
lori
trok
cwch modur
motorboot
beic
fiets
car
motor

fferi
veerboot

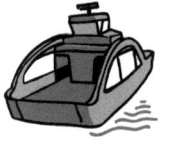

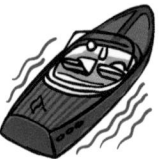

cwch
boot

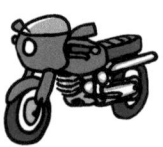

beic modur
motorfiets

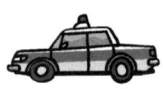

car yr heddlu
polisiemotor

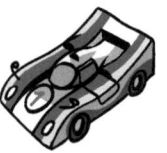

car rasio
renmotor

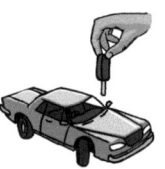

car wedi'i rentu
huurmotor

rhannu car

car-sharing

lori tynnu

insleepvoertuig

lori ysbwriel

vullisverwydering

modur

enjin

tanwydd

brandstof

gorsaf betrol

vulstasie

arwydd traffig

verkeersteken

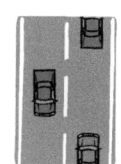

traffig

verkeer

tagfa draffig

verkeersknoop

maes parcio

parkeerplek

gorsaf drennau

stasie

traciau

spore

trên

trein

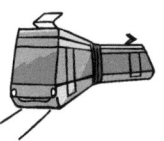

tram

tram

wagen

wa

hofrennydd

helikopter

maes awyr

lughawe

tŵr

toring

teithiwr

passasier

cynhwysydd

houer

paced

karton

cert

karretjie

basged

mandjie

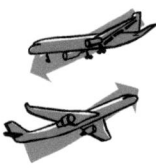

esgyn / glanio

opstyg / land

dinas

stad

pentref

dorpie

canol y ddinas

middestad

tŷ

huis

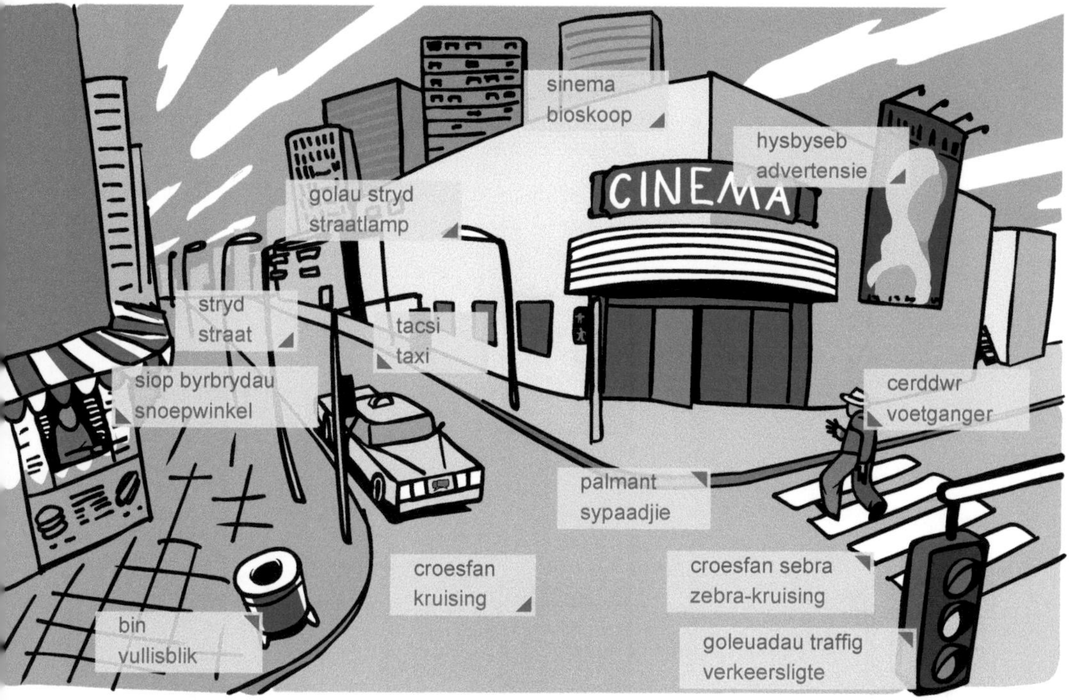

sinema
bioskoop

hysbyseb
advertensie

golau stryd
straatlamp

stryd
straat

tacsi
taxi

siop byrbrydau
snoepwinkel

cerddwr
voetganger

palmant
sypaadjie

croesfan
kruising

croesfan sebra
zebra-kruising

bin
vullisblik

goleuadau traffig
verkeersligte

CINEMA

cwt

hut

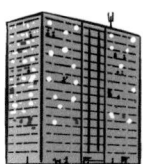

fflat

woonstel

gorsaf drennau

stasie

neuadd y dref

stadsaal

amgueddfa

museum

ysgol

skool

prifysgol

universiteit

banc

bank

ysbyty

hospitaal

gwesty

hotel

fferyllfa

apteek

swyddfa

kantoor

siop lyfrau

boekwinkel

siop

winkel

siop flodau

bloemis

archfarchnad

supermark

farchnad

mark

siop adrannol

handelshuis

siop bysgod

viswinkel

canolfan siopa

inkopiesentrum

harbwr

hawe

parc
park

banc
bankie

pont
brug

grisiau
trappe

rheilffordd danddaearol
moltrein

twnnel
tonnel

safle bws
bushalte

bar
kroeg

bwyty
restaurant

blwch post
posbus

arwydd stryd
straatnaambord

mesurydd parcio
parkeermeter

sŵ
dieretuin

pwll nofio
swembad

mosg
moskee

 fferm
plaas

llygredd
besoedeling

mynwent
begraafplaas

eglwys
kerk

maes chwarae
speelgrond

teml
tempel

tirwedd
landskap

deilen
blaar

arwydd cyfeirio
padwyser

ffordd
pad

dôl
weiland

carreg
klip

coeden
boom

heiciwr
voetslaner

afon
rivier

glaswellt
gras

blodyn
blom

cwm

vallei

bryn

heuwel

llyn

meer

coedwig

bos

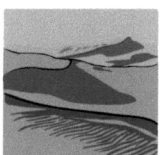

anialwch

woestyn

llosgfynydd

vulkaan

castell

kasteel

enfys

reënboog

madarchen

sampioen

palmwydden

palmboom

mosgito

muskiet

pryf

vlieg

morgrugyn

mier

gwenyn

by

pryf copyn

spinnekop

chwilen

miskruier

llyffant

padda

gwiwer

eekhoring

draenog

krimpvarkie

ysgyfarnog

haas

tylluan

uil

aderyn

voël

alarch

swaan

baedd

wildevark

carw

takbok

elc

elk

argae

opgaardam

tyrbin gwynt

windturbine

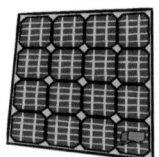

panel haul

sonpaneel

hinsawdd

klimaat

bwyty
restaurant

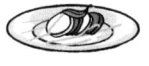

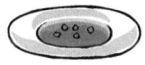

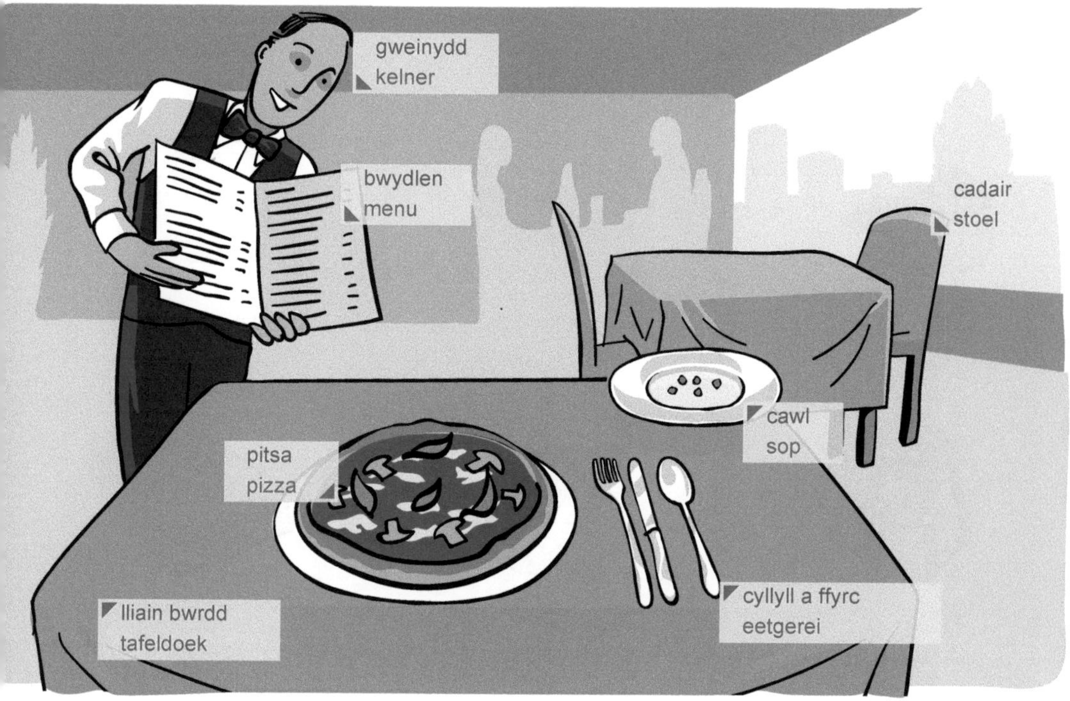

gweinydd
kelner
bwydlen
menu
cadair
stoel
cawl
sop
pitsa
pizza
lliain bwrdd
tafeldoek
cyllyll a ffyrc
eetgerei

cwrs cyntaf

voorgereg

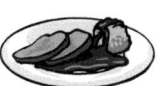

prif gwrs

hoofgereg

pwdin

nagereg

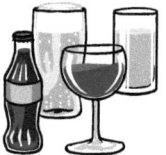

diodydd

drankies

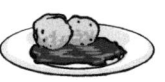

bwyd

kos

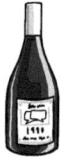

potel

bottel

bwyd cyflym

kitskos

bwyd y stryd

straatkos

tebot

teepot

powlen siwgr

suikerverpakking

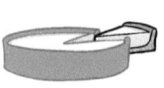

dogn

porsie

peiriant espresso

espresso masjien

cadair plentyn

hoë stoel

bil

rekening

hambwrdd

skinkbord

cyllell

mes

fforc

vurk

llwy

lepel

llwy de

teelepel

napcyn

servet

gwydr

glas

plât
gereg

plât cawl
sopbakkie

soser
piering

saws
sous

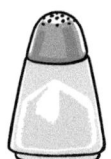

pot halen
soutpot

melin bupur
pepermeul

finegr
asyn

olew
olie

sbeisys
speserye

saws coch
tamatiesous

mwstard
mosterd

mayonnaise
mayonaise

archfarchnad

supermark

cynnig arbennig
spesiale aanbieding
FOR
cwsmer
kliënt
cynnyrch llaeth
suiwelprodukte
ffrwythau
vrugte
troli
trollie

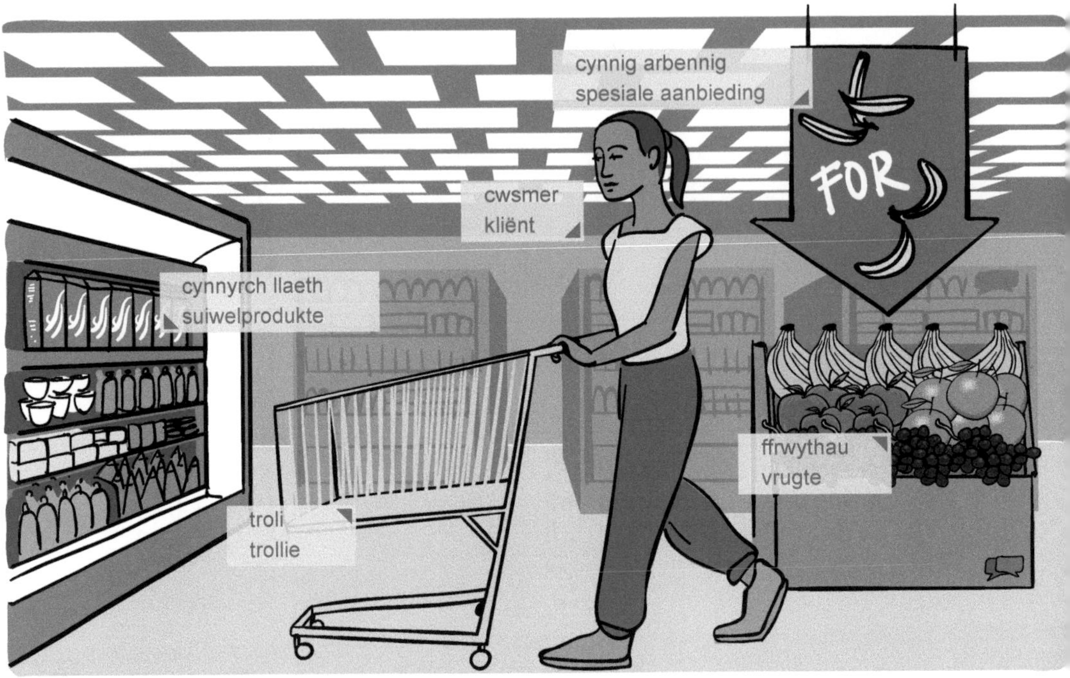

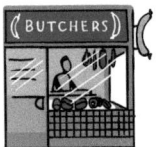

BUTCHERS

siop gig

slaghuis

BAKERY

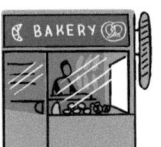

siop fara

bakkery

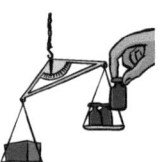

pwyso

weeg

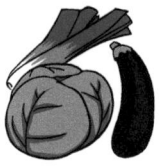

llysiau

groente

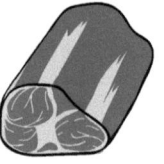

cig

vleis

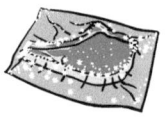

Bwyd wedi'i rewi

bevrore voedsel

cig oer

kouevleis

bwyd tun

blikkieskos

powdr golchi

waspoeier

da-da

lekkers

cynnyrch cartref

huishoudelike produkte

cynhyrchion glanhau

skoonmaakprodukte

gwerthwraig

verkoopsvrou

til

kasregister

ariannwr

kassier

rhestr siopa

inkopielys

oriau agor

besigheidsure

waled

beursie

cerdyn credyd

kredietkaart

bag

sak

bag plastig

plastieksak

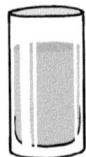

dŵr

water

sudd

sap

llefrith

melk

côc

coke

gwin

wyn

cwrw

bier

alcohol

alkohol

coco

kakao

te

tee

coffi

koffie

espresso

espresso

cappuccino

cappuccino

ffrwchledd

piesang

afal

appel

oren

lemoen

melon

waatlemoen

lemwn

suurlemoen

moronen

wortel

garlleg

knoffel

bambŵ

bamboes

nionyn

ui

madarchen

sampioen

cnau

neute

nwdls

noedels

sbageti

spaghetti

reis

rys

salad

slaai

sglodion

aartappelskyfies

tatws wedi'u ffrïo

gebraaide aartappels

pitsa

pizza

hambyrger

hamburger

brechdan

toebroodjie

cytled

kotelet

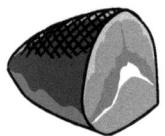

ham

ham

salami

salami

selsig

wors

cyw iâr

hoender

rhost

braaivleis

pysgodyn

vis

ceirch uwd

hawermoutflokkies

miwsli

muesli

creision ŷd

graanvlokkies

blawd

meel

croissant

croissant

bynsen

broodrolletjie

bara

brood

tost

roosterbrood

bisgedi

koekies

menyn

botter

ceuled

dikmelk

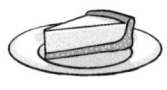

teisen

koek

wy

eier

wy wedi'i ffrïo

gebraaide eier

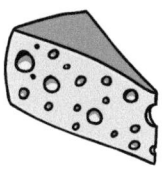

caws

kaas

bwyd - kos

25

hufen iâ

roomys

siwgr

suiker

mêl

heuning

jam

konfyt

siocled taenu

nougat-smeer

cyri

kerrie

fferm

plaas

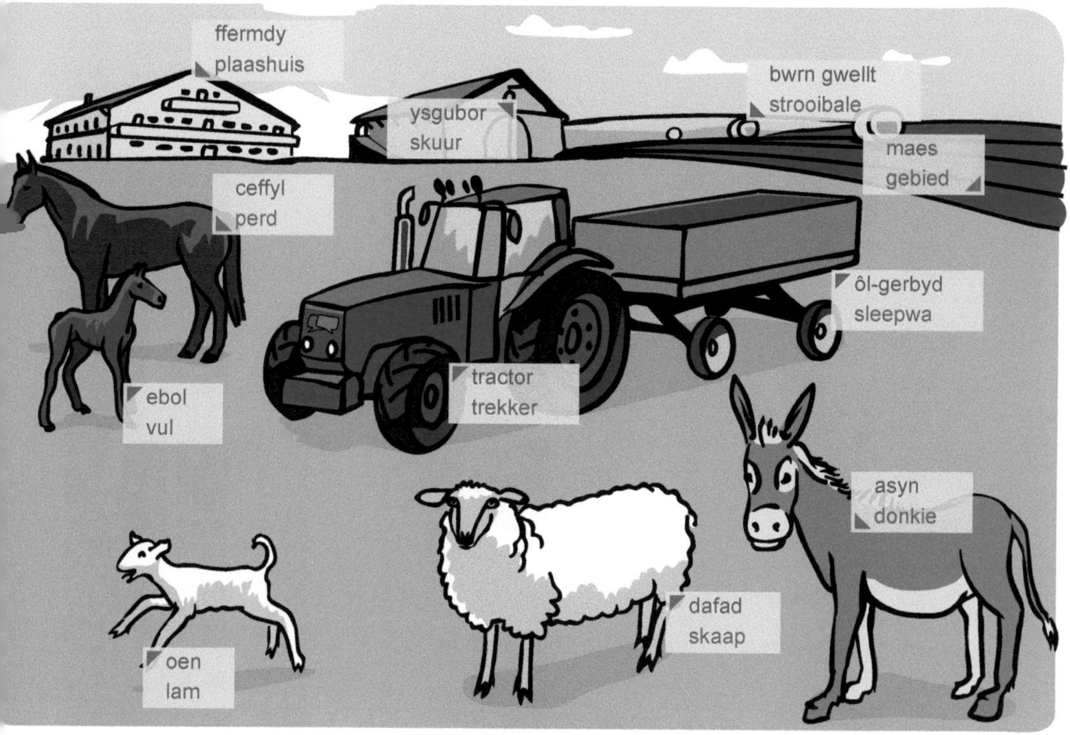

ffermdy
plaashuis
ysgubor
skuur
bwrn gwellt
strooibale
maes
gebied
ceffyl
perd
ôl-gerbyd
sleepwa
tractor
trekker
ebol
vul
asyn
donkie
dafad
skaap
oen
lam

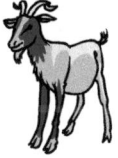

gafr

bok

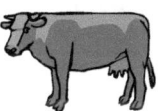

buwch

koei

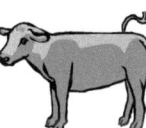

llo

kalf

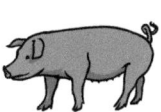

mochyn

vark

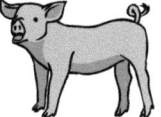

porchell

varkie

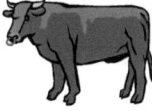

tarw

bul

gwydd

gans

hwyaden

eend

cyw

kuiken

iâr

hen

ceiliog

haan

llygoden fawr

rot

cath

kat

llygoden

muis

ych

os

ci

hond

cwt ci

hondehok

pibell ddŵr

tuinslang

can dŵr

gieter

pladur

sens

aradr

ploeg

cryman

sekel

fforch chwynu

skoffel

picwarch

gaffel

bwyell

byl

berfa

kruiwa

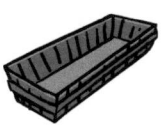

cafn

trog

tun llefrith

melkkan

sach

sak

ffens

heining

stabl

stal

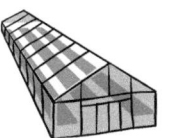

tŷ gwydr

kweekhuis

pridd

grond

hedyn

saad

gwrtaith

kunsmis

dyrnwr medi

stroper

cynaeafu

oes

cynhaeaf

oes

iamau

yam

gwenith

koring

soi

soja

tysen

aartappel

grawn

koring

had rêp

raapsaad

coeden ffrwythau

vrugteboom

manioc

broodwortel

grawnfwydydd

graan

simnai
skoorsteen

to
dak

peipen law
dreinpyp

ffenestr
venster

garej
garage

cloch y drws
deurklokkie

drws
deur

bin sbwriel
vullisdrom

blwch post
posbus

gardd
tuin

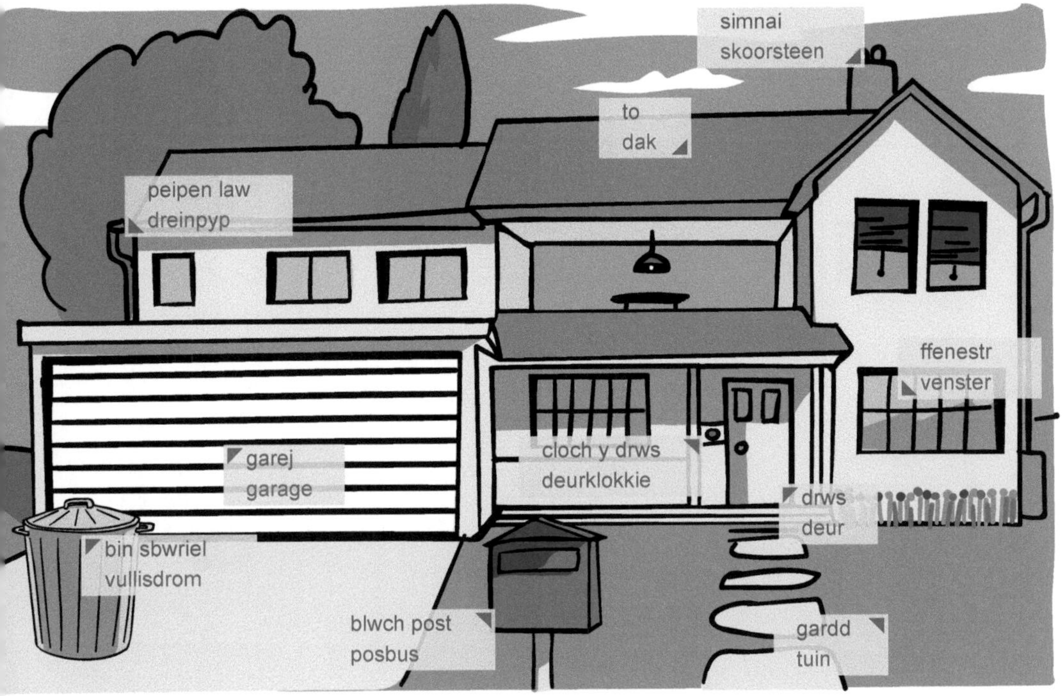

lolfa

woonkamer

ystafell ymolchi

badkamer

cegin

kombuis

ystafell wely

slaapkamer

ystafell plentyn

kinderkamer

ystafell fwyta

eetkamer

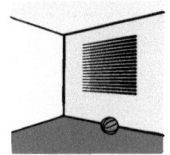

llawr
vloer

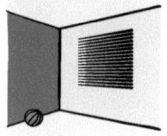

wal
muur

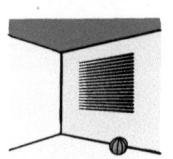

nenfwd
plafon

seler
kelder

sawna
sauna

balconi
balkon

teras
terras

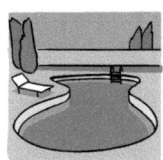

pwll
swembad

peiriant torri gwair
grassnyer

taflen
beddegoedoortreksel

gorchudd gwely
deken

gwely
bed

ysgub
besem

bwced
emmer

swits
skakelaar

lolfa
woonkamer

papur wal
muurpapier
llun
prentjie
lamp
lamp
silff
rak
cwpwrdd
kas
teledu
televisie
lle tân
kaggel
blodyn
blom
clustog
kussing
soffa
rusbank
fâs
vaas
rheolydd o bell
afstandbeheer

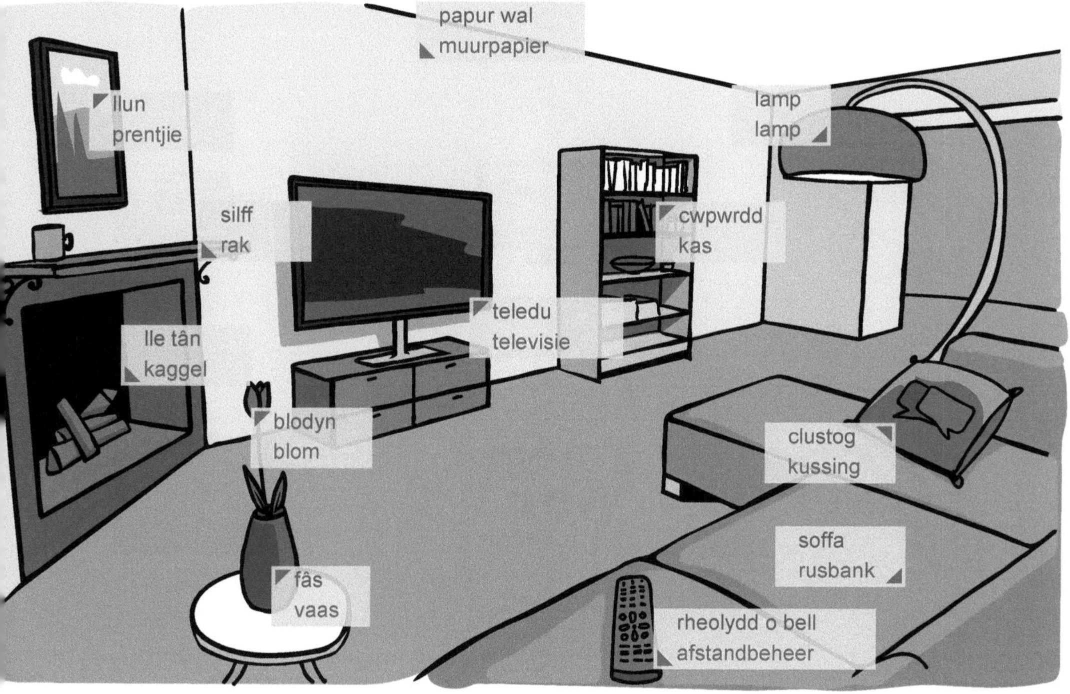

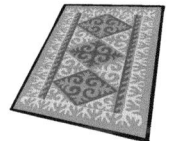

carped

mat

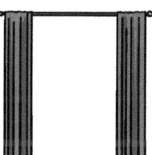

llen

gordyn

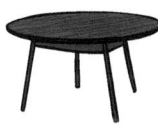

bwrdd

tafel

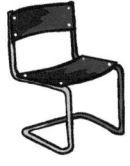

cadair

stoel

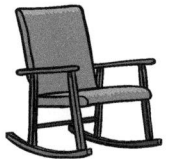

cadair siglo

wiegstoel

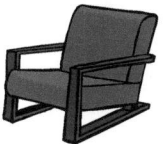

cadair freichiau

leunstoel

llyfr

boek

blanced

kombers

addurn

versiering

coed tân

vuurmaakhout

ffilm

film

hi-fi

hoëtroustel

agoriad

sleutel

papur newydd

koerant

darlun

skildery

poster

plakkaat

radio

radio

llyfr nodiadau

notaboekie

hwfer

stofsuier

cactws

kaktus

cannwyll

kers

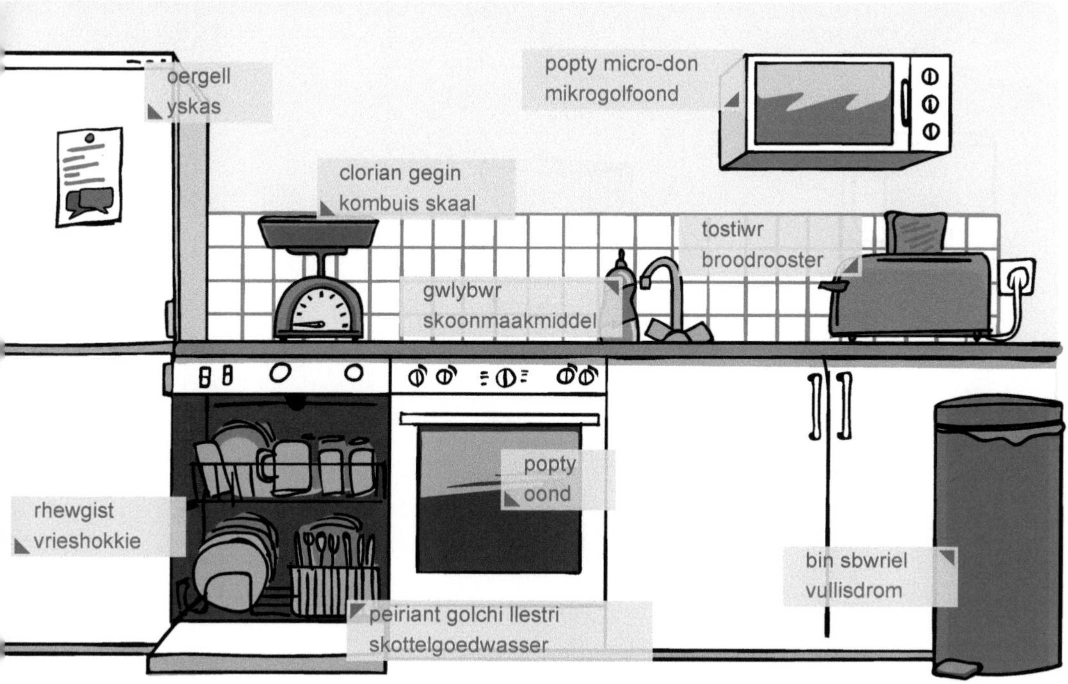

oergell
yskas

popty micro-don
mikrogolfoond

clorian gegin
kombuis skaal

tostiwr
broodrooster

gwlybwr
skoonmaakmiddel

popty
oond

rhewgist
vrieshokkie

bin sbwriel
vullisdrom

peiriant golchi llestri
skottelgoedwasser

popty
drukkoker

pot
pot

pot haearn bwrw
ysterpot

wok / kadai
wok / kadai

padell
pan

tegell
ketel

sosban stemio

stoomkoker

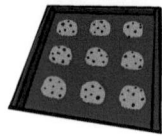

hambwrdd pobi

bakplaat

llestri

breekware

mwg

beker

powlen

bak

gweill bwyta

eetstokkie

lletwad

skeplepel

ysbodol

spatel

chwisg

klitser

hidlydd

sif

gogr

sif

gratiwr

rasper

morter

vysel

barbeciw

braai

tân agored

oop vuur

bwrdd torri cig

broodplank

rholbren

koekroller

tynnwr corcyn

kurktrekker

tun

kan

peth agor tuniau

blikoopmaker

clwt pot

vatlap

sinc

opwasbak

brws

borsel

sbwng

spons

peiriant cymysgu

menger

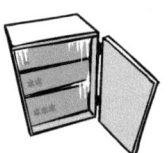

rhewgell

vrieskas

potel babi

bababottel

tap

kraan

ystafell ymolchi

badkamer

cawod
stort
gwres
verwarming
tywel
handdoek
llen gawod
stortgordyn
baddon ewyn
borrel bad
baddon
bad
gwydr
glas
peiriant golchi
wasmasjien
tap
kraan
teils
teëls
potyn
potjie
sinc
opwasbak

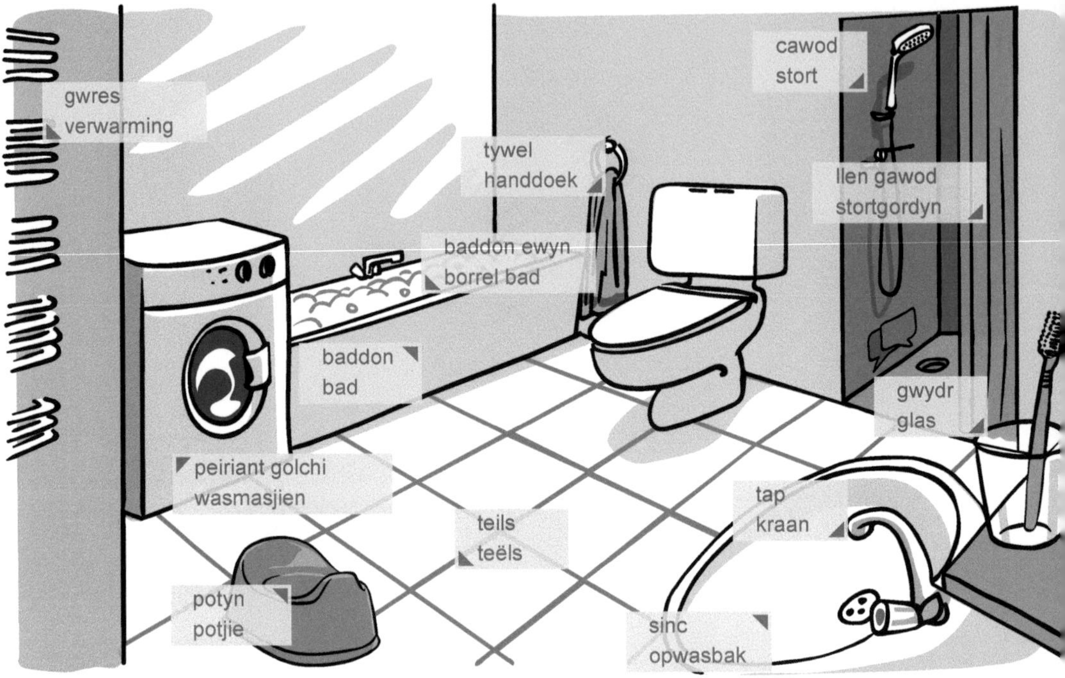

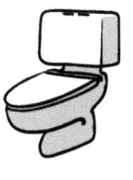

tŷ bach

toilet

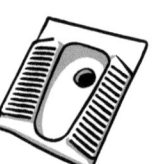

toiled cyrcydu

hurktoilet

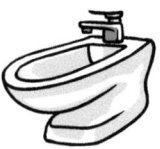

bidet

bidet

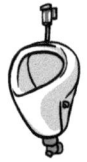

troethfa

urinaal

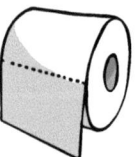

papur tŷ bach

toiletpapier

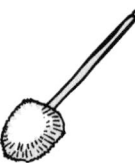

brws tŷ bach

toiletborsel

brws dannedd

tandeborsel

past dannedd

tandepasta

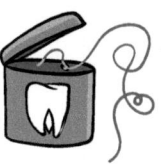

edau ddannedd

tande vlos

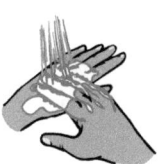

golchi

was

cawod llaw

handstort

golchfa

stort

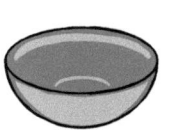

basn

wasbak

brws-ôl

rugkantborsel

sebon

seep

gel cawod

stortgel

siampŵ

sjampoe

gwlanen

flanel

ffos

drein

hufen

room

diaroglydd

reukweerder

drych

spieël

drych llaw

spieëltjie

rasel

skeermes

ewyn eillio

skeerroom

sent eillio

naskeermiddel

crib

kam

brws

borsel

sychwr gwallt

haardroër

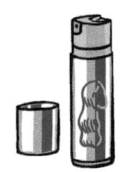

chwistrell gwallt

haarsproei

colur

grimmering

minlliw

lipstifie

farnais ewinedd

naellak

gwlân cotwm

watte

siswrn ewinedd

naelknipper

persawr

parfuum

bag ymolchi

toiletsakkie

stôl

stoel

clorian

skaal

gŵn baddon

badjas

menig rwber

rubberhandskoene

tampon

tampon

tywel misglwyf

sanitêre handdoek

toiled cemegol

chemiese toilet

ystafell plentyn

kinderkamer

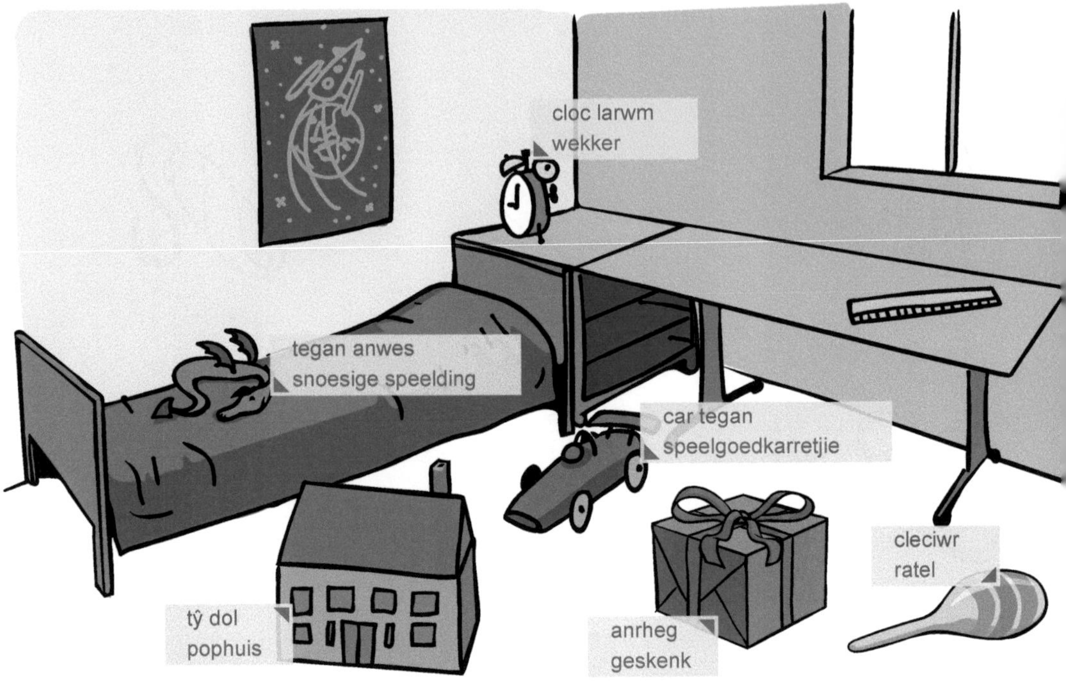
cloc larwm
wekker
tegan anwes
snoesige speelding
car tegan
speelgoedkarretjie
cleciwr
ratel
tŷ dol
pophuis
anrheg
geskenk

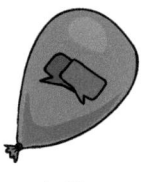

balŵn

ballon

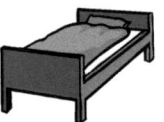

gwely

bed

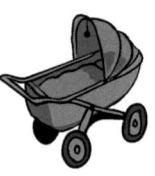

pram

stootwaentjie

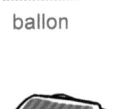

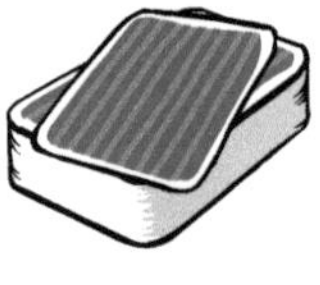

pecyn o gardiau

kaartespel

jig-so

legkaart

SUPER
MEGA

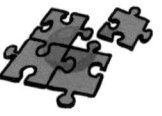

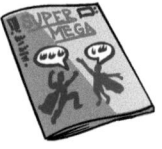

comic

tekenprent

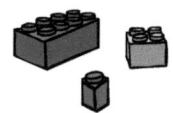

brics Lego

lego-blokkies

blociau adeiladu

speelgoedblokke

ffigur gweithredu

animasieheld

babygro

groeipakkie

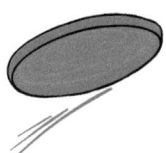

ffrisbi

frisbee

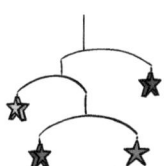

ffôn symudol

mobile

gêm fwrdd

bordspeletjie

deis

dobbelsteen

set model trên

model trein stel

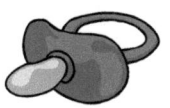

teth lwgu

fopspeen

parti

partytjie

llyfr lluniau

prenteboek

pêl

bal

dol

pop

chwarae

speel

pwll tywod

sandput

swing

swaai

teganau

speelgoed

consol gemau fideo

videospeletjie-konsole

beic tair olwyn

driewiel

tedi

teddiebeer

cwpwrdd dillad

klerekas

dillad
klere

hosanau

sokkies

hosanau

kouse

teits

broekiekouse

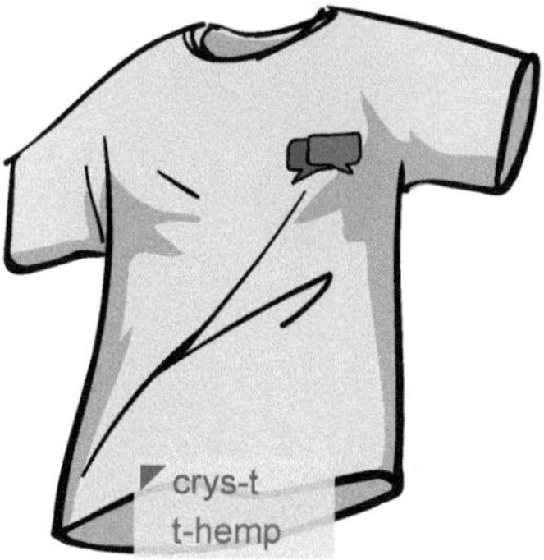

sgarff
serp

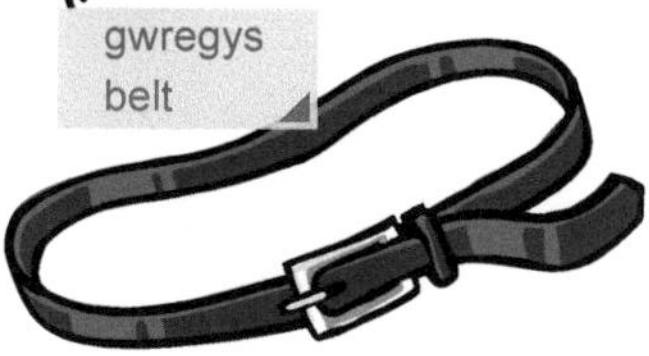

ymbarél
sambreel

crys-t
t-hemp

gwregys
belt

esgidiau
skoene

sliperi
pantoffels

esidiau ymarfer
tekkies

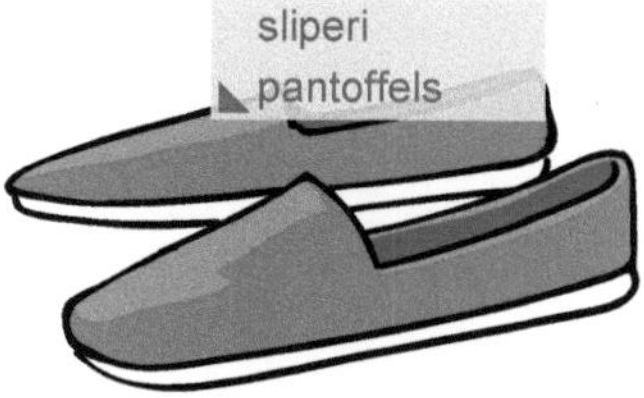

sandalau

sandale

esgidiau

skoene

esgidiau rwber

rubber stewels

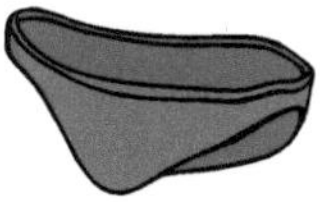

trôns

onderbroek

bra

bra

fest

onderbaadjie

corff

liggaam

trowsus

broek

jîns

jeans

sgert

romp

blows

bloes

crys

hemp

pwlofer

oortrektrui

hwdi

oortrektrui

blaser

baadjie

siaced

baadjie

côt

jas

côt law

reënjas

gwisg

kostuum

gŵn

rok

gwisg briodas

trourok

siwt

pak

gŵn nos

nagrok

pyjamas

pajamas

sari

sari

sgarff pen

kopdoek

tyrban

tulband

bwrca

burqa

cafftan

kaftan

abaya

abaya

gwisg nofio

swembroek

trowsus nofio

swembroek

siorts

kortbroek

tracwisg

sweetpak

ffedog

voorskoot

menig

handskoene

botwm

knoppie

sbectol

bril

breichled

armband

cadwyn

halssnoer

modrwy

ring

clustdlws

oorbel

cap

pet

cambren

klerehanger

het

hoed

tei

das

sip

rits

helmed

helmet

fframiau danedd

draadjies

gwisg ysgol

skooluniform

gwisg

uniform

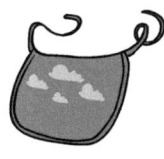

bib

bib

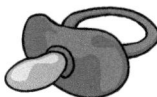

teth lwgu

fopspeen

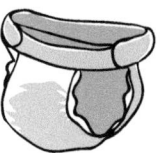

cewyn

doek

swyddfa

kantoor

gweinydd
bediener
cwrpwrdd ffeilio
liasseerkabinet
argraffydd
drukker
papur
papier
monitor
skerm
llygoden
muis
desg
lessenaar
ffolder
leêr
bysellfwrdd
sleutelbord
cadair
stoel
basged papur gwastraff
vullisdrom
cyfrifiadur
rekenaar

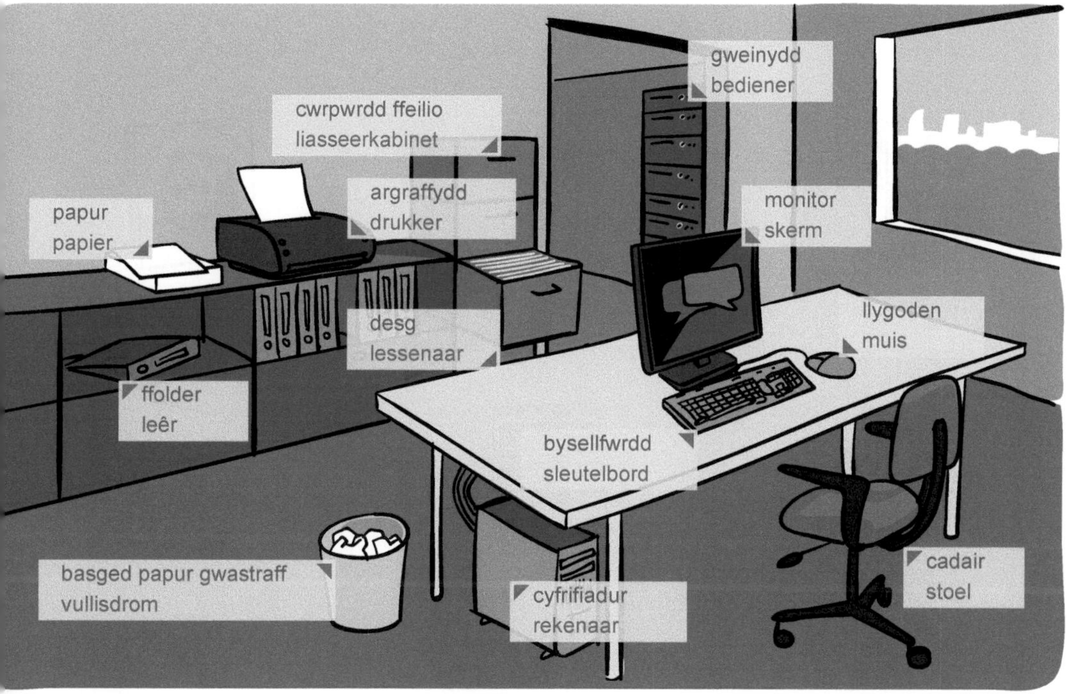

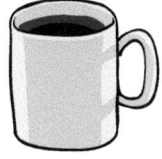

mwg coffi

koffiebeker

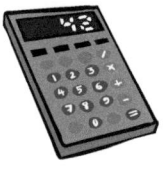

cyfrifiannell

sakrekenaar

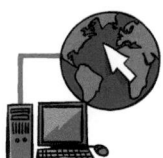

rhyngrwyd

internet

gliniadur

skootrekenaar

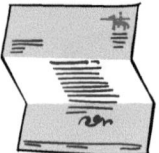

llythyr

brief

neges

boodskap

ffôn symudol

selfoon

rhwydwaith

netwerk

llungopïwr

fotostaatmasjien

meddalwedd

sagteware

teleffon

telefoon

soced plwg

muurprop

peiriant ffacs

faksmasjien

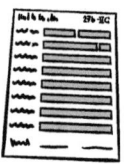

ffurflen

vorm

dogfen

dokument

prynu

koop

talu

betaal

masnachu

besigheid doen

arian

geld

 USD

doler

dollar

 EUR

ewro

euro

 JPY

yen

yen

 RUB

rwbl

roebel

 CHF

ffranc y Swistir

switserse frank

 CNY

yuan renminbi

renminbi yuan

 INR

rwpi

rupee

peiriant arian

kontantteller (ATM)

swyddfa gyfnewid

bureau de change

aur

goud

arian

silwer

olew

olie

ynni

energie

pris

prys

contract

kontrak

treth

belasting

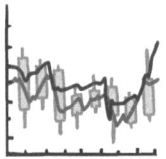

stoc

aandele

gweithio

werk

cyflogai

werknemer

cyflogwr

werkgewer

ffatri

fabriek

siop

winkel

swyddi
beroepe

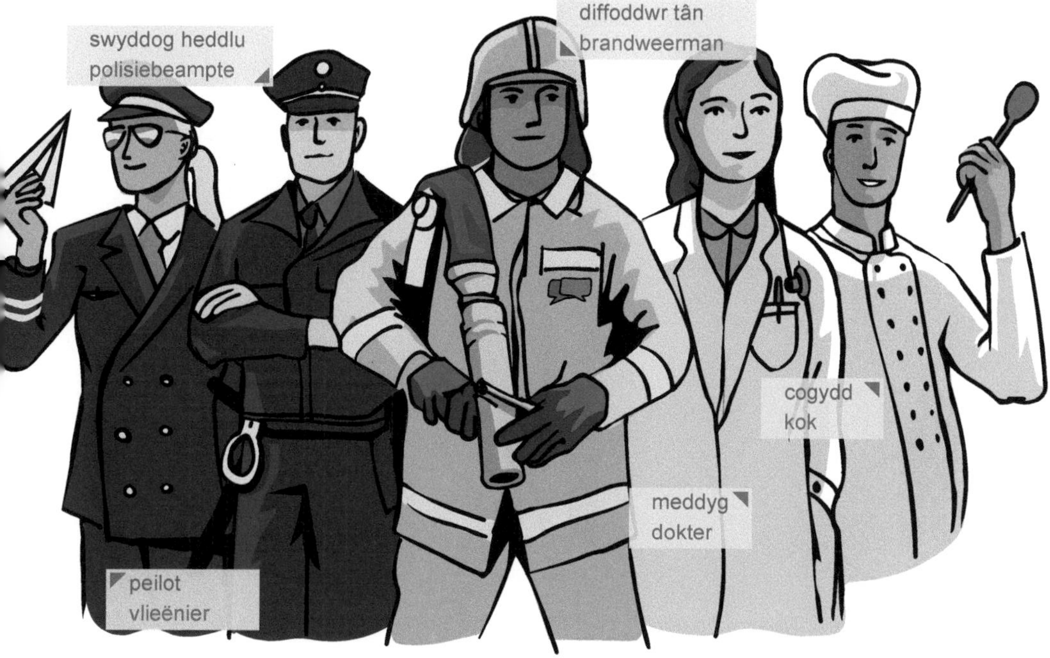
swyddog heddlu
polisiebeampte
diffoddwr tân
brandweerman
cogydd
kok
meddyg
dokter
peilot
vlieënier

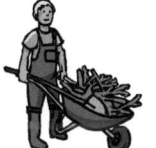

garddwr

tuinier

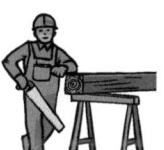

saer

timmerman

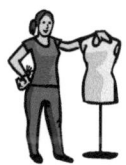

gwniadwraig

naaldwerkster

barnwr

regter

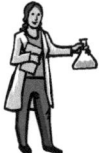

fferyllydd

chemikus

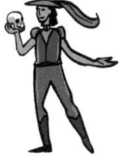

actor

akteur

gyrrwr bws

busbestuurder

gyrrwr tacsi

taxibestuurder

pysgotwr

visserman

glanhawraig

skoonmaakvrou

töwr

dakwerker

gweinydd

kelner

heliwr

jagter

paentiwr

skilder

pobydd

bakker

trydanwr

elektrisiën

adeiladwr

bouer

peiriannydd

ingenieur

cigydd

slagter

plymiwr

loodgieter

dyn y post

posman

swyddi - beroepe

milwr
soldaat

pensaer
argitek

ariannwr
kassier

gwerthwr blodau
bloemiste

triniwr gwallt
haarkapper

archwiliwr tocynnau
rheilffordd
kondukteur

mecanydd
werktuigkundige

capten
kaptein

deintydd
tandarts

gwyddonydd
wetenskaplike

rabi
rabbi

imam
imam

mynach
monnik

clerigwr
predikant

offer
gereedskap

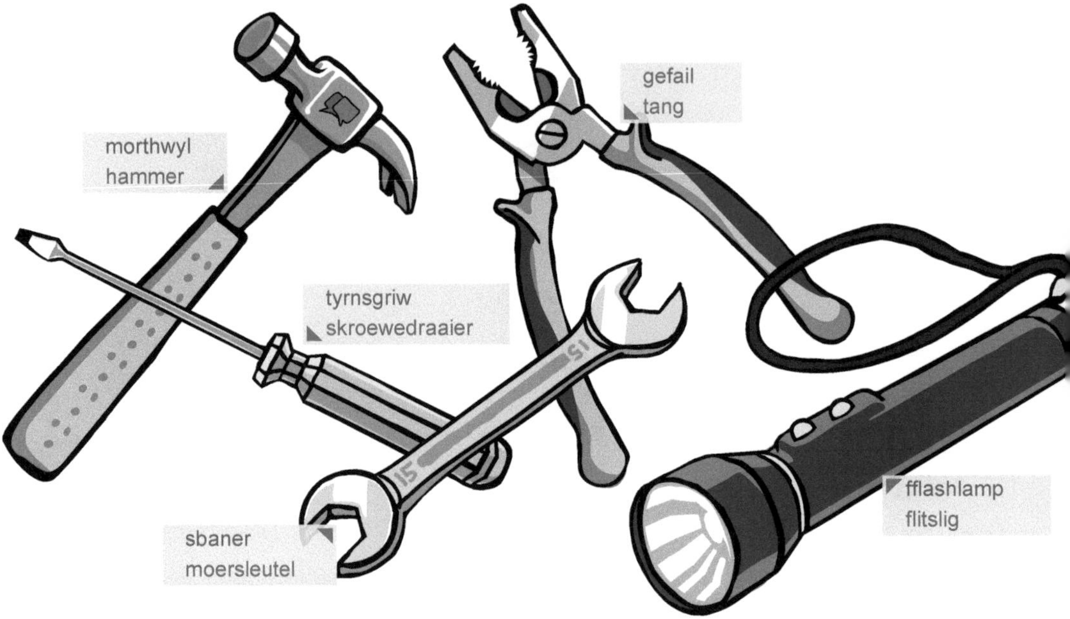
morthwyl
hammer
gefail
tang
tyrnsgriw
skroewedraaier
sbaner
moersleutel
fflashlamp
flitslig

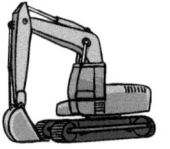

turiwr

graaftoestel

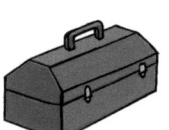

blwch offer

gereedskapskis

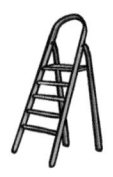

ysgol

leer

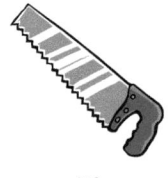

llif

saag

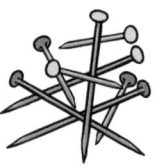

hoelion

naels

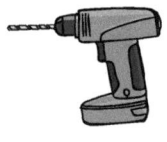

dril

boor

trwsio
regmaak

rhaw
graaf

Daria!
verdomp!

rhaw lwch
skoppie

pot paent
verfpot

sgriwiau
skroewe

offerynnau cerdd
musiekinstrumente

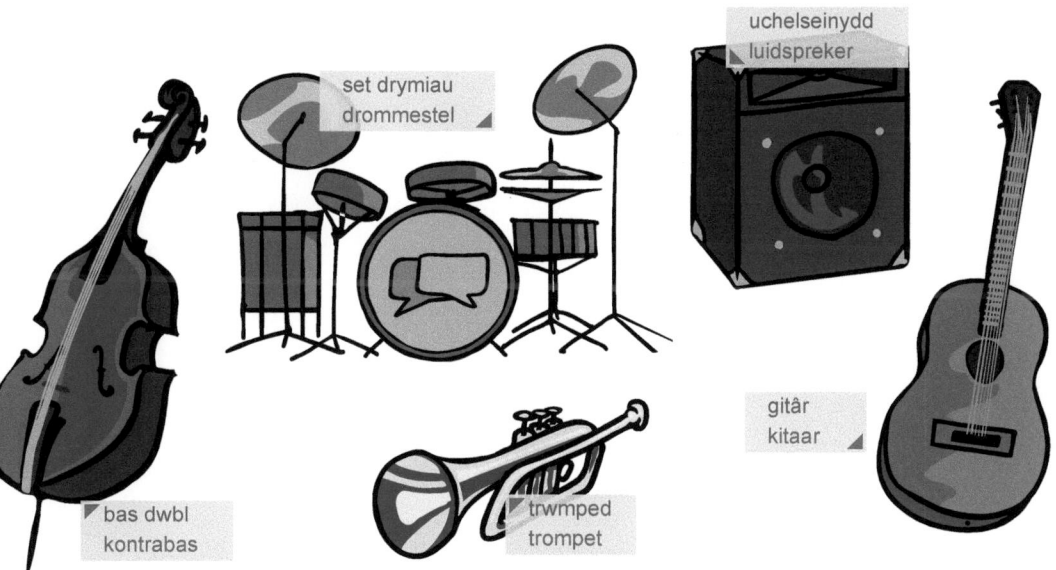

set drymiau
drommestel

uchelseinydd
luidspreker

gitâr
kitaar

bas dwbl
kontrabas

trwmped
trompet

piano

klavier

ffidil

viool

bas

bas

timpani

keteltrom

drymiau

dromme

cyweirfwrdd

sleutelbord

sacsoffon

saksofoon

ffliwt

fluit

meicroffon

mikrofoon

offerynnau cerdd - musiekinstrumente

sŵ
dieretuin

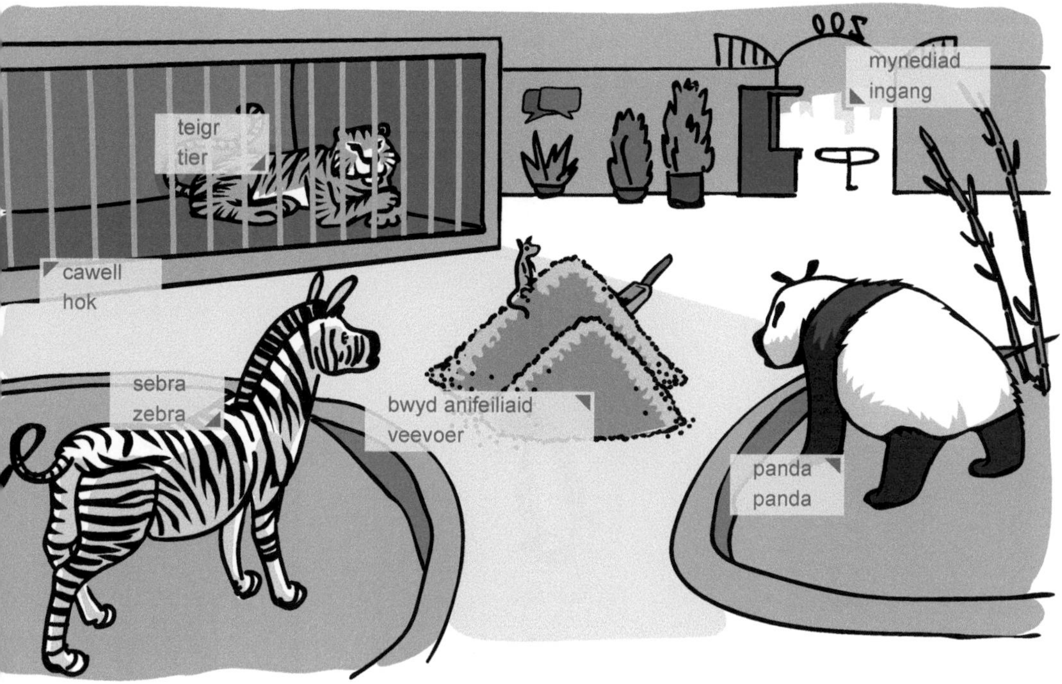

teigr
tier
cawell
hok
sebra
zebra
bwyd anifeiliaid
veevoer
panda
panda
mynediad
ingang

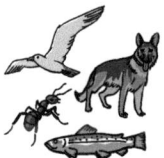

anifeiliaid

diere

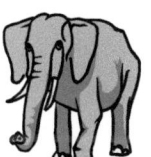

eliffant

olifant

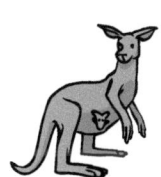

cangarŵ

kangaroo

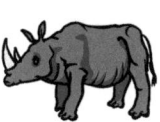

rhinoseros

renoster

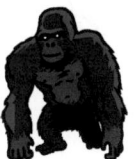

gorila

gorilla

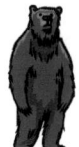

arth

beer

camel

kameel

estrys

volstruis

llew

leeu

mwnci

aap

fflamingo

flamink

parot

papegaai

arth wen

ysbeer

pengwin

pikkewyn

siarc

haai

paun

pou

neidr

slang

crocodeil

krokodil

gofalwr sŵ

dieretuinopsigter

morlo

rob

jagwar

jaguar

merlyn

ponie

llewpard

luiperd

hipo

seekoei

jiráff

kameelperd

eryr

arend

baedd

wildevark

pysgodyn

vis

crwban

skilpad

walrws

walrus

llwynog

jakkals

gafrewig

gemsbok

pêl-droed America
Amerikaanse Voetbal

beicio
fietsry

tennis
tennis

pêl-fasged
basketbal

nofio
swem

hoci iâ
ys-hokkie

bocsio
boks

pêl-droed
sokker

badminton
pluimbal

athletau
atletiek

pêl-law
handbal

sgïo
ski

polo
polo

gweithgareddau

aktiwiteite

neidio
spring
cofleidio
drukkie
chwerthin
lag
cerdded
loop
canu
sing
breuddwydio
droom
gweddïo
bid
cusanu
soen

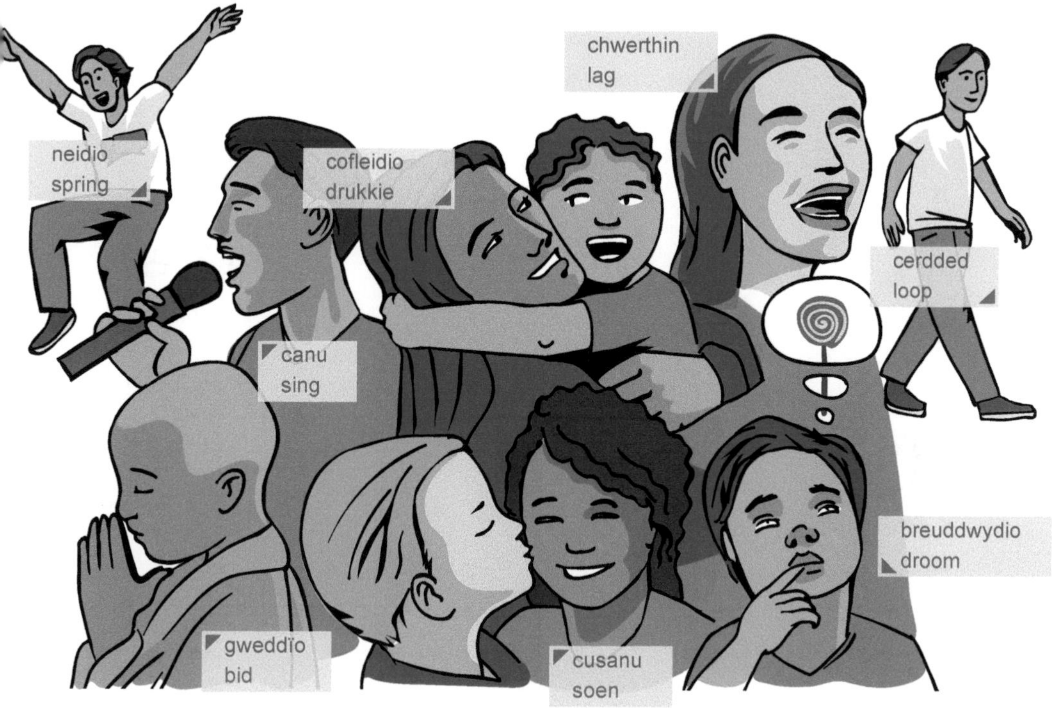

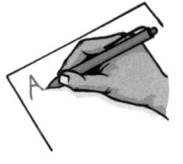

ysgrifennu

skryf

tynnu

teken

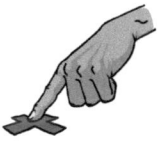

dangos

show

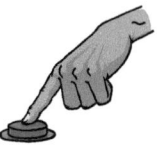

gwthio

druk

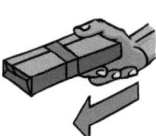

rhoi

gee

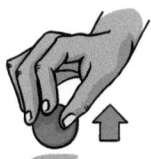

cymryd

neem

bod gan

het

gwneud

doen

bod

wees

sefyll

staan

rhedeg

hardloop

tynnu

trek

taflu

gooi

disgyn

val

gorwedd

jok

aros

wag

cario

dra

eistedd

sit

gwisgo amdanoch

aantrek

cysgu

slaap

deffro

wakker word

edrych ar

kyk na

crïo

huil

anwesu

streel

cribo

kam

siarad

praat

deall

verstaan

gofyn

vra

gwrando

luister

yfed

drink

bwyta

eet

tacluso

opruim

caru

liefhê

coginio

kook

gyrru

ry

hedfan

vlieg

hwylio

seil

cyfrifo

bereken

darllen

lees

dysgu

leer

gweithio

werk

priodi

trou

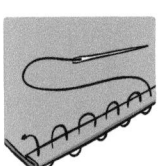

gwnïo

naai

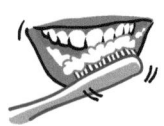

brwsio dannedd

tande borsel

lladd

doodmaak

ysmygu

rook

anfon

stuur

nain
ouma

taid
oupa

tad
pa

mam
ma

baban
baba

merch
dogter

mab
seun

gwestai

gas

modryb

tannie

ewythr

oom

brawd

broer

chwaer

suster

corff
liggaam

talcen
voorkop
llygad
oog
ysgwydd
skouer
bys
vinger
wyneb
gesig
gên
ken
llaw
hand
coes
been
bron
bors
braich
arm

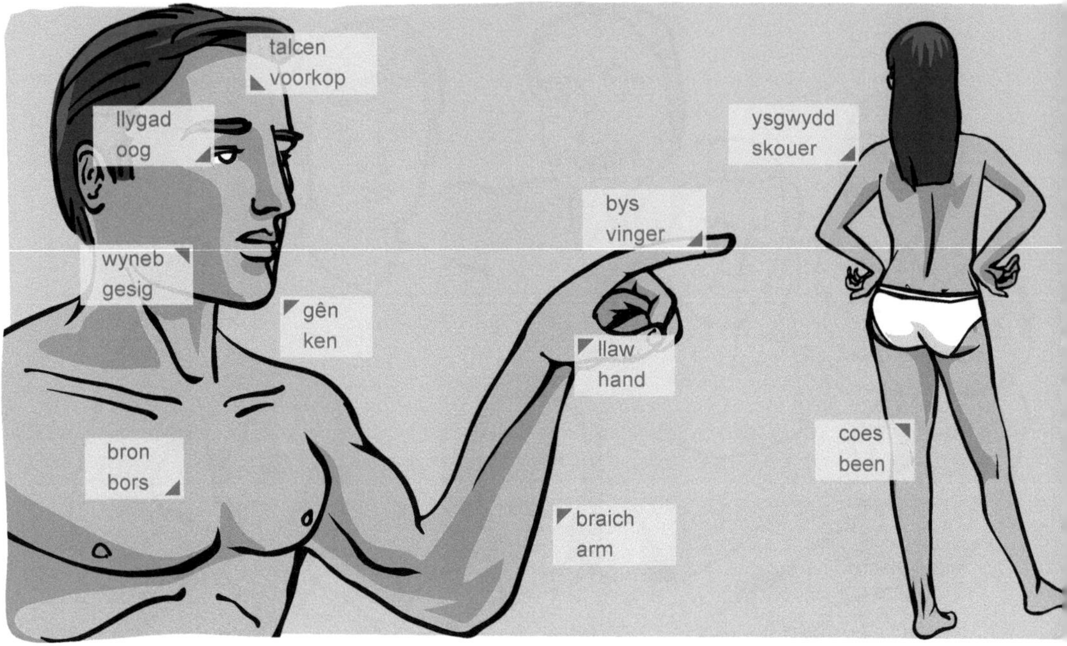

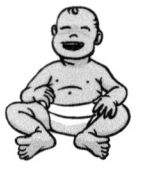

baban
baba

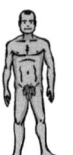

dyn
man

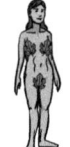

gwraig
vrou

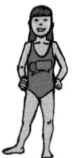

geneth
meisie

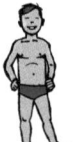

bachgen
seun

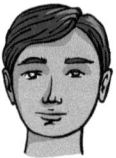

pen
kop

cefn
rug

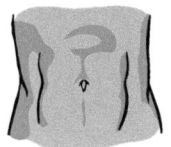

bel
buik

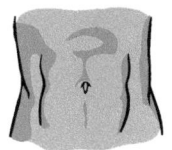

bogail
naelstring

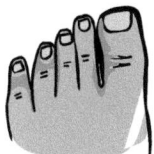

bys troed
toon

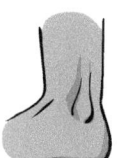

sawdl
hak

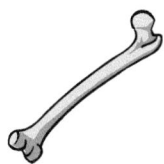

asgwrn
been

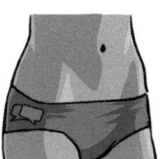

clun
heup

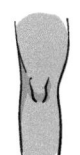

pen-glin
knie

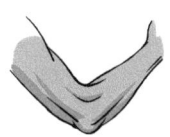

penelin
elmboog

trwyn
neus

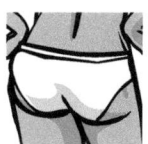

pen ôl
boude

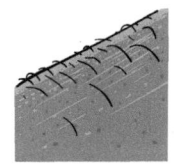

croen
vel

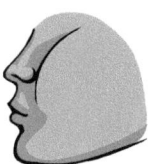

boch
wang

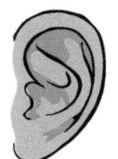

clust
oor

gwefus
lippe

ceg

mond

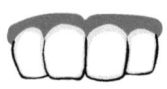

dant

tand

tafod

tong

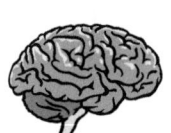

ymennydd

brein

calon

hart

cyhyr

spiere

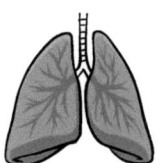

ysgyfaint

long

iau

lewer

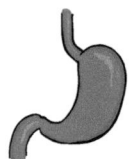

stumog

maag

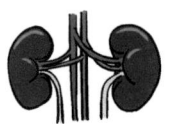

arennau

niere

rhyw

seks

condom

kondoom

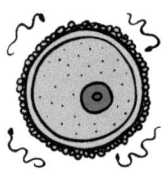

ofwm

eierstok

semen

semen

beichiogrwydd

swangerskap

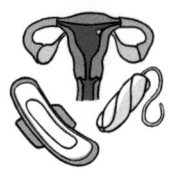

mislif
menstruasie

fagina
vagina

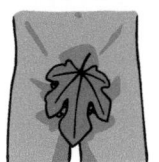

pidyn
penis

ael
wenkbrou

gwallt
hare

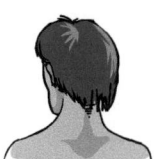

gwddf
nek

ysbyty
hospitaal

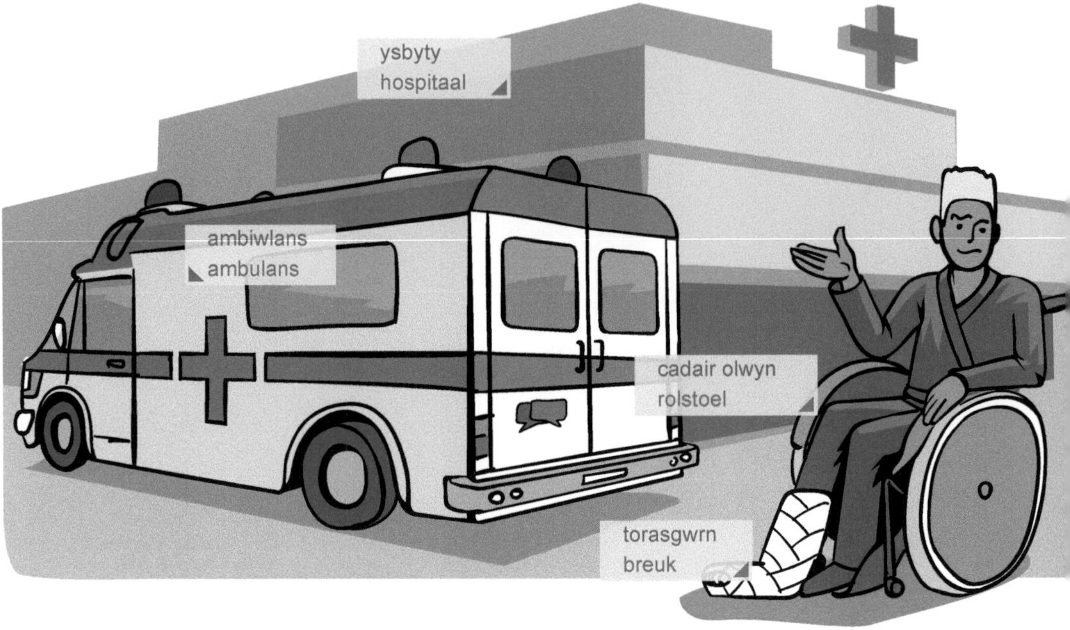

ysbyty
hospitaal
ambiwlans
ambulans
cadair olwyn
rolstoel
torasgwrn
breuk

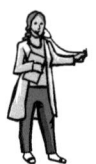

meddyg

dokter

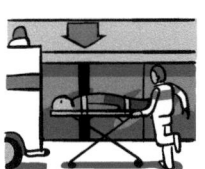

ystafell argyfwng

ongevalle

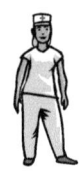

nyrs

verpleegster

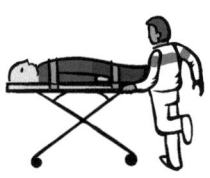

argyfwng

noodgeval

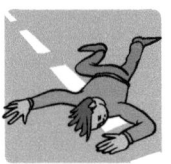

anymwybodol

bewusteloos

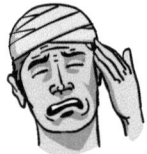

poen

pyn

anaf

besering

gwaedu

bloeding

trawiad ar y galon

hartaanval

strôc

beroerte

alergedd

allergie

peswch

hoes

twymyn

koors

ffliw

griep

dolur rhydd

diarree

cur pen

hoofpyn

canser

kanker

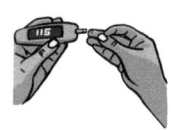

diabetes

diabetes

llawfeddyg

chirurg

fflaim

skalpel

gweithrediad

operasie

CT

CT

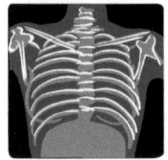

pelydr-x

X-straal

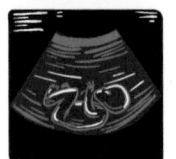

uwchsain

ultraklank

mwgwd wyneb

gesigmasker

clefyd

siekte

ystafell aros

wagkamer

bagl

kruk

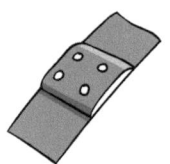

plastr

gips

rhwymyn

verband

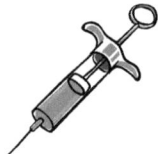

pigiad

inspuiting

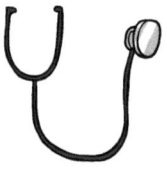

stethosgop

stetoskoop

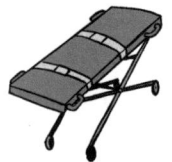

elorwely

draagbaar

thermomedr clinigol

kliniese termometer

genedigaeth

geboorte

dros bwysau

oorgewig

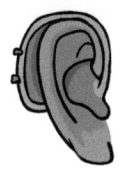

cymorth clyw

gehoorapparaat

diheintydd

ontsmettingsmiddel

haint

infeksie

firws

virus

HIV / AIDS

MIV / vigs

meddygaeth

medisyne

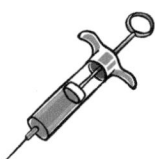

brechiad

inenting

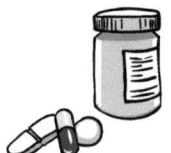

tabledi

tablette

y bilsen

pil

galwad frys

noodoproep

monitor pwysau gwaed

blooddrukmonitor

yn sâl / yn iach

siek / gesond

Help!

Help!

larwm

alarm

ymosodiad

aanranding

ymosodiad

aanval

perygl

gevaar

allanfa argyfwng

nooduitgang

Tân!

Brand!

diffoddwr tân

brandblusser

damwain

ongeluk

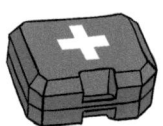

pecyn cymorth cyntaf

noodhulpkissie

SOS

SOS

heddlu

polisie

Ewrop

Europa

Gogledd America

Noord-Amerika

De America

Suid-Amerika

Affrica

Afrika

Asia

Asië

Awstralia

Australië

Iwerydd

Atlantiese Oseaan

y Môr Tawel

Stille Oseaan

Cefnfor yr India

Indiese Oseaan

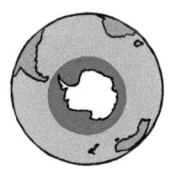

Cefnfor yr Antarctig

Antarktiese Oseaan

Cefnfor yr Arctig

Arktiese Oseaan

Pegwn y Gogledd

Noordpool

Pegwn y De

Suidpool

Antarctica

Antarktika

y Ddaear

aarde

tir

land

môr

see

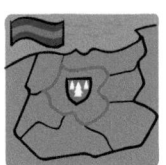

ynys

eiland

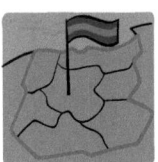

cenedl

nasie

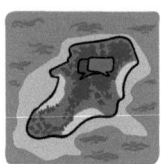

gwladwriaeth

staat

wyneb cloc

horlosie

bys awr

uur-aanwyser

bys munud

minuut-aanwyser

bys eiliad

sekonde-aanwyser

Faint o'r gloch yw hi?

Hoe laat is dit?

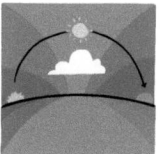

dydd

dag

amser

tyd

yn awr

nou

cloc digidol

digitale horlosie

munud

minuut

awr

uur

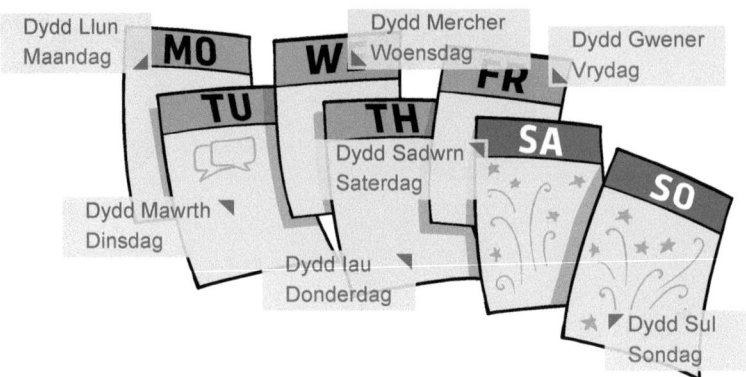

Dydd Llun / Maandag
Dydd Mercher / Woensdag
Dydd Gwener / Vrydag
Dydd Mawrth / Dinsdag
Dydd Sadwrn / Saterdag
Dydd Iau / Donderdag
Dydd Sul / Sondag

ddoe
gister

heddiw
vandag

yfory
môre

bore
oggend

canol dydd
middag

noswaith
aand

diwrnodiau busnes
werksdae

penwythnos
naweek

blwyddyn

jaar

glaw
reën
enfys
reënboog
eira
sneeu
gwynt
wind
gwanwyn
lente
hydref
Herfs
haf
somer
gaeaf
winter

4.APRIL 11°
5.APRIL 4°
6.APRIL 13°
7.APRIL 8°
8.APRIL 10°

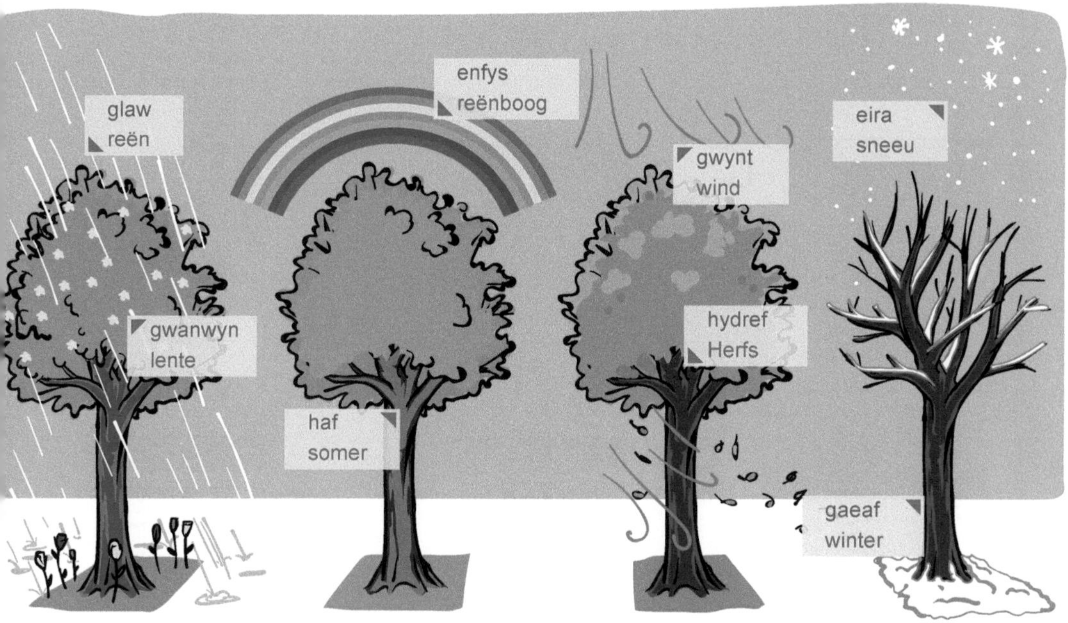

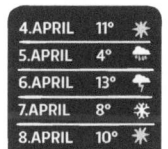

rhagolygon y tywydd

weervoorspelling

F
C
120
90
60
30
0
-30
40
30
20
10
0
-10
-20

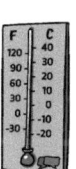

thermomedr

termometer

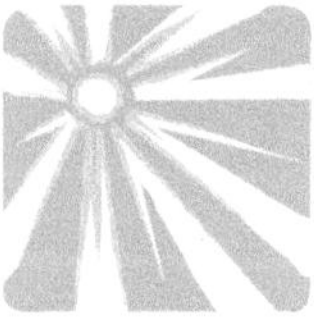

heulwen

sonskyn

cwmwl

wolk

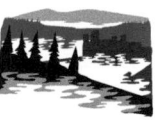

niwl tew

mis

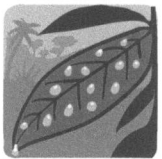

lleithder

humiditeit

mellt

weerlig

taranau

donderweer

storm

storm

cenllysg

hael

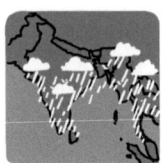

monsŵn

reënseisoen

llif

vloed

iâ

ys

Ionawr

Januarie

Chwefror

Februarie

Mawrth

Maart

Ebrill

April

Mai

Mei

Mehefin

Junie

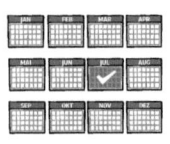

Gorffennaf

Julie

Awst

Augustus

blwyddyn - jaar

Medi
....
September

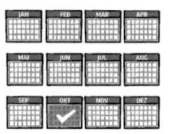

Hydref
....
Oktober

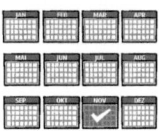

Tachwedd
....
November

Rhagfyr
....
Desember

cylch
....
sirkel

sgwâr
....
vierkant

petryal
....
reghoek

triongl
....
driehoek

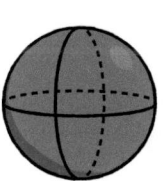

sffêr
....
gebied

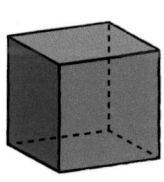

ciwb
....
kubus

gwyn

wit

melyn

geel

oren

oranje

pinc

pink

coch

rooi

porffor

pers

glas

blou

gwyrdd

groen

brown

bruin

llwyd

grys

du

swart

llawer / ychydig

'n baie / 'n bietjie

dig / tawel

kwaad / kalm

hardd / hyll

pragtig / lelik

dechrau / diwedd

begin / einde

mawr / bach

groot / klein

llachar / tywyll

helder / donker

brawd / chwaer

broer / suster

glân / budr

skoon / vuil

gyflawn / anghyflawn

volledige / onvolledige

dydd / nos

dag / nag

farw / yn fyw

dood / lewendig

eang / cul

wyd / smal

bwytadwy / anfwytadwy

eetbare / oneetbaar

drwg / caredig

kwaad / vriendelik

llawn cyffro / diflasu

opgewonde / verveeld

tew / tenau

vet / maer

cyntaf / olaf

eerste / laaste

cyfaill / gelyn

vriend / vyand

llawn / gwag

vol / leeg

caled / meddal

hard / sag

trwm / ysgafn

swaar / lig

wedi newynnu / yn sychedig

honger / dors

yn sâl / yn iach

siek / gesond

anghyfreithlon / cyfreithiol

onwettige / wettige

deallus / twp

slim / dom

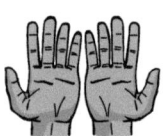

chwith / dde

links / regs

agos / pell

naby / vêr

newydd / wedi'i ddefnyddio

nuut / tweedehands

dim / rhywbeth

niks / iets

hen / ifanc

oud / jonk

ymlaen / i ffwrdd

aan / af

ar agor / ar gau

oop / toe

tawel / uchel

stil / lawaaierig

cyfoethog / tlawd

ryk / arm

cywir / anghywir

reg / verkeerd

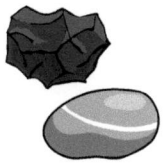

garw / llyfn

grof / glad

trist / hapus

hartseer / gelukkig

byr / hir

kort / lank

araf / cyflym

stadig / vinnig

gwlyb / sych

nat / droog

cynnes / claear

warm / koel

rhyfel / heddwch

oorlog / vrede

rhifau

getalle

0	**1**	**2**
sero	un	dau
nul	een	twee
3	**4**	**5**
tri	pedwar	pump
drie	vier	vyf
6	**7**	**8**
chwech	saith	wyth
ses	sewe	agt
9	**10**	**11**
naw	deg	un deg un
nege	tien	elf

12

un deg dau

twaalf

13

un deg tri

dertien

14

un deg pedwar

veertien

15

un deg pump

vyftien

16

un deg chwech

sestien

17

un deg saith

sewentien

18

un deg wyth

agtien

19

un deg naw

negentien

20

dau ddeg

twintig

100

cant

honderd

1.000

mil

duisend

1.000.000

miliwn

miljoen

ieithoedd
tale

Saesneg

Engels

Saesneg America

Amerikaanse Engels

Tsieinëeg Mandarin

Mandaryns

Hindi

Hindi

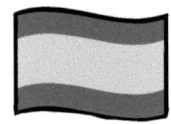

Sbaeneg

Spaans

Ffrangeg

Frans

Arabeg

Arabies

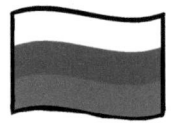

Rwseg

Russies

Portiwgaleg

Portugees

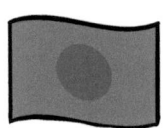

Bengali

Bengaals

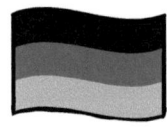

Almaeneg

Duits

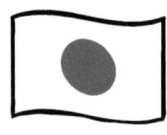

Siapanaeg

Japanees

fi

Ek

ti

jy

ef / hi

hy / sy / dit

ni

ons

chi

julle

nhw

hulle

pwy?

wie?

beth?

wat?

sut?

hoe?

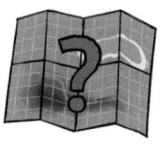

ble?

waar?

pryd?

wanneer?

enw

naam

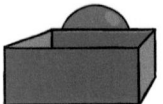

y tu ôl i
----
agter

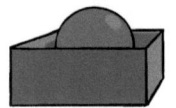

yn / yng / ym / mewn
----
in

o flaen
----
voor

dros
----
oor

ar
----
bo-op

dan
----
onder

wrth ochr
----
langs

rhwng
----
tussen

lle
----
plek